U0885316

交换、比较、反覆。

张庚 八十五

不唯上
不唯书
只唯实

共和国领袖的故事

陈云的故事

李　琦　梁平波　主　编
奚天鹰　刘　敏　副主编

浙江人民美术出版社

序　言

习近平总书记指出，毛泽东同志等老一辈革命家，都是从近代以来中国历史发展的时势中产生的伟大人物，都是从近代以来中国人民抵御外敌入侵、反抗民族压迫和阶级压迫的艰苦卓绝斗争中产生的伟大人物，都是走在中华民族和世界进步潮流前列的伟大人物。他们为中国革命、建设、改革，为中国共产党建立、巩固、发展做出了重大贡献。他们身上所展现的高尚品德和优良作风，是弥足珍贵的精神财富，受到一代代中国人的敬仰和尊崇。

这套《共和国领袖的故事》精选毛泽东、周恩来、刘少奇、朱德、邓小平、陈云同志等六位共和国领袖一生中最具独特品质和个人魅力的日常故事，按照亲密战友、忘我工作、平凡生活三条隐含线索来组织内容，通过一个个真实的故事，图文并茂地反映出共和国老一代领导人的高尚人格和崇高精神。透过这些历史的剪影，我们得以近距离地了解伟人的人生修养和思想境界。

恰逢新中国成立七十五周年及本书初次出版三十周年，回看这些生动朴素的故事和令人难忘的照片，可以帮助我们更好地感悟中国共产党人的政治品格、价值追求和精神风范，激励我们坚定理想信念、砥砺初心使命，在奋进新征程的道路上踔厉奋发、勇毅前行。

梁平波

2024 年 5 月

初版序言

毛泽东和以他为核心的党的第一代中央领导集体的重要成员周恩来、刘少奇、朱德、邓小平、陈云，是中国共产党和中华人民共和国的卓越领导人，邓小平又是党的第二代中央领导集体的核心。他们为中华民族的独立、富强奋斗了几十年，开创了中国革命的道路和中国建设社会主义的道路，建立了不朽的功绩。

有许许多多的摄影家，用他们的辛勤劳动，留下了这些老一辈革命家的一个又一个历史瞬间。这每一个历史瞬间都凝结着一个动人的故事。这一个又一个的故事，表现了老一辈革命家的学习、工作、生活及其感情世界。

毛泽东曾对他的老朋友斯诺先生说：从长远来看，将来的后代应当比我们这一代更有知识，正像资产阶级民主时代的人比封建时代的人更有知识一样。他们的判断将占优势，而不是我们。

在共和国建国四十五周年之际，我们编辑了这套故事丛书，把一个个历史瞬间及其所凝结的一个个动人的故事，奉献给青少年朋友们，相信青少年朋友们会做出自己的判断。

1994 年 6 月

目 录

陈云与毛泽东　1961 年

国难思良将

特殊的经历和长期革命斗争的锤炼，造就了陈云管理经济的卓越才能。毛泽东对陈云的这种管理才能特别赏识。

1949 年，全国尚未解放，毛泽东从东北调陈云回中央主持全国财经工作，收拾国民党留下的烂摊子。陈云不负重托，在不到一年的时间里，稳定了物价，实现了全国财政经济的统一。事后，毛泽东借用诸葛亮在《前出师表》里叙述刘备褒奖向宠的话，称陈云为“能”。此后，随着全国大规模经济建设的开始，陈云的管理才能得到了进一步发挥。1956 年党的八大预备会上，毛泽东提名陈云为党中央副主席，并说陈云比较能干、稳当，还说：“不要看他和平得很，他看问题尖锐，能抓住要点。”

后来，因为陈云的一些发展经济的主张与毛泽东的想法不一致，受到毛泽东的批评。“大跃进”中，全党多数同志头脑发热，陈云却提出了许多正确的建议，但毛泽东均未采纳。三年困难时期，毛泽东经过反思，认为还是陈云的意见对，因此，决定由陈云主持全国经济的调整工作。这一时期，陈云再次发挥了管理经济的卓越才能，使国民经济迅速得到了恢复。

孙业礼 / 文

霓虹灯亮了

1950 年秋天的一个傍晚，中财委机关值班室的同志给陈云家里打电话，要请陈云尽快处理一件公事。可家里人说陈云还没有回家。值班的同志一看表，陈云已经下班一个多钟头，早该到家了。当时全国解放不久，人们的警惕性很高，值班的同志生怕发生什么意外，立即派人出去寻找。

事情原来是这样：这天下午，陈云听人说王府井的霓虹灯很好看。这么平常的一句话却引起了他的注意。这年春天，私营工商业遇到了资金紧缺、商品滞销的困难，许多工厂停了工，商店歇业的也较多，经济不太景气。陈云和毛泽东、周恩来等经过研究，决定调整工商业。党的七届三中全会批准了这项决策和陈云提出的具体措施。经过几个月的调整，经济形势开始复苏，但具体情况还不清楚。陈云下班后顺路来到王府井，只见整个大街灯火通明，商店里商品充足，顾客也不少。尤其是许多店门外长期关闭的霓虹灯都开亮了，更给入夜的王府井增添了几分繁华。陈云想，这说明调整工作有了显著成效。于是，他越看越高兴，一时竟忘了回家。

陈云回家后，立即给周恩来打电话，告诉他在王府井看到的情景。周恩来听后也十分高兴。

刘书楷 / 文

陈云在中共七届三中全会上作关于财经问题的报告　1950 年

关心水利建设

共和国的领导人都十分关心水利建设。为了祖国的水利事业，他们都倾注过自己的心血。陈云也是这样。新中国成立仅一个月，他就参与指导了全国各解放区的水利联席会议。这次会议，研究了水利建设的任务，确定了新中国水利建设的基本方针，这就是防止水患，兴修水利，以达到发展生产的目的。当时国家财政虽十分困难，兼任中财委主任的陈云仍尽量筹措，挤出大批资金投入水利建设。仅 1950 年的水利建设费用，就达到国民党统治时期水利经费最高年份的十八倍。

1954 年，陈云与朱德、邓小平、林伯渠、罗瑞卿等到官厅水库视察。在水库工地负责人的引导下，他们登上位于官厅峡口的四十五米高的拦河大坝，望着被拦截的洪水形成的巨大人工湖，都十分兴奋。这座水库是治理永定河水患的主要工程之一，是新中国成立后建成的第一座大型水库。它不仅可以控制永定河的特大洪水，使北京、天津免受没顶之灾，还能为城市用水提供水源。1953 年 8 月，水库大坝刚建成，便挡住了永定河有水文记载以来的第二次大洪水，仅这次避免的水灾损失便已超过了水库的造价。听着水库工地负责人的介绍，陈云等人越来越高兴。

走累了，这些共和国的领导人就在工地上随便找块木头坐了下来。看着这宏伟的工程，看着生龙活虎的青年工人们，他们笑得多么开心啊！

刘书楷 / 文

陈云与朱德（前排右一）、林伯渠（前排右二）等视察官厅水库　1954 年

我要亲眼看看集成电路

1984 年 3 月 3 日，陈云约请当时任电子工业部部长的江泽民到他的住处汇报工作。事先特别嘱咐，请他们带一些集成电路的样品，说要亲眼看一看。

江泽民向陈云汇报了我国集成电路和电子计算机工业的发展情况，陈云详细询问了集成电路的种类、用途和加工的技术特点，以及我国的集成电路生产同国外的差距。然后，陈云饶有兴趣地通过显微镜观看了在二至三毫米见方的硅片上装有 2.7 万个电子元件的集成电路样品，并且观看了专业技术人员用微处理机对文件管理进行处理的操作表演。

陈云十分满意，说他大开眼界。他指出：我国财经干部面临着知识更新的任务，现在大多数的财经干部还没有看到这个任务的紧迫性。电子计算机的出现，其他领域新技术的出现，要求财经干部必须更新知识。临告别时，陈云握着江泽民的手再三叮嘱：一定要集中力量把电子工业搞上去。

朱佳木 / 文

陈云与江泽民观看集成电路的构造　1984 年

接应西路军余部

陈云与李先念有着半个多世纪的革命情谊，其中感人至深、令人难以忘怀的恐怕要数陈云赴新疆接应西路军余部的一段往事了。

1937 年 3 月，西路军在河西走廊严重受挫，西路军军政委员会委员李先念率左支队沿祁连山脉西进，于 4 月下旬转战到新疆的星星峡，时下部队只剩四百余人。

此前，1936 年的 12 月上旬，正在莫斯科列宁学校学习的陈云，受中共驻共产国际代表团之命，作为中共代表前往新疆做迎接西路军的工作。他与滕代远等一行五人到达中苏边境的阿拉木图后，因故滞留了四个月，直至 1937 年 4 月下旬才到达新疆的迪化（今乌鲁木齐）。在到达的当晚，他立即同担任新疆督办的军阀盛世才联系，很快做好了接应西路军的准备工作。

5 月 1 日，陈云等人带着几十辆装有枪支、衣服和食品的汽车抵达星星峡。以李先念为首的西路军指战员们见到陈云等人，就像虎口余生的孩子回到母亲的怀抱一样，惊喜地拥上前去。许多身经百战、血染沙场都不动容的将士，这时竟百感交集，止不住热泪哗哗地流，呜咽着说不出话来。陈云代表党中央对他们表示了亲切的慰问，带领他们回到迪化。

迟爱萍 / 文

陈云与李先念在党的十二大休息室　1982 年

一个小勺和两个核桃

陈云和邓颖超在艰苦的革命斗争中相识，在半个多世纪的风风雨雨中，建立了深厚的革命友谊。

在长征路上，陈云担任红五军团中央代表，随部队为长征队伍断后。为了拦阻敌人的追击，保证大部队的安全，他和红五军团的战友们夜以继日地战斗和行军，经常吃不上饭，睡不了觉。一次，邓颖超看到面容消瘦的陈云，十分心疼地问寒问暖，并把一个吃饭用的小勺送给他。两个人谈话时间很短，一把小勺也微不足道，但在战火纷飞的岁月里，其中蕴含的战友之情却是无限深厚的，以至几十年以后，陈云仍对这件小事念念不忘。

历史进入社会主义新时期后，陈云和邓颖超虽年事已高，但却为党和国家继续操劳。在党的十一届三中全会上，他们以其在党内的崇高威望，分别被选为中央纪律检查委员会第一、第二书记。他们以身作则，积极地为端正党风而努力，给全党留下了深刻的印象。

除在工作上紧密配合外，他们在生活上一直互相关心。一次，邓颖超送给陈云两个核桃，让他拿在手里搓转，以达强身健体的目的。陈云也经常关心和询问邓大姐的健康状况。邓大姐逝世后，陈云深情地为《回忆邓大姐》一书题词，表达了他无尽的思念。

刘书楷 / 文

陈云与邓颖超在中国共产党成立六十周年纪念大会上　1981 年

我和他们四个人不一样

党的七大以后，中共中央书记处有五名书记，即毛泽东、周恩来、刘少奇、朱德、任弼时，人称“五大书记”。1949 年 4 月起，任弼时因病休养。1950 年 6 月 4 日，中共中央书记处决定：陈云在任弼时休假期内，参加书记处。1950 年 10 月 27 日，任弼时逝世。随后陈云正式递补为中共中央书记处书记，同时兼任政务院副总理和中财委主任。

1951 年，中央警卫局从保证领导同志的安全考虑，从苏联进口了五辆高级防弹轿车，决定分配给五大书记每人一辆。当警卫局负责人给陈云送去轿车时，他却拒绝使用，仍坚持用自己原来的旧吉姆轿车。因此，这辆高级防弹车搁置了好多年。

从新中国成立后至“文化大革命”前，在北京举行的一些大型会议都要求中央领导人接见、照相，中央领导人一般都予以满足。其时，五大书记都是被邀请的对象。但陈云除了由他主持或参与指导的会议外，概不参加接见活动。一次，中央警卫局一位负责人邀请他参加接见活动时，他严肃地说：我不能同毛主席、周总理、朱总司令和少奇同志他们一样，因此我不去参加接见。以后，你们的警卫工作也不能把我和他们四个人相提并论。我不能和他们比，我就是一个中央委员。这一点，你要告诉汪东兴（当时任中央警卫局局长）。

刘书楷 / 文

陈云与毛泽东、周恩来、刘少奇、朱德在党的八大主席台上　1956 年

二十岁的工会委员长

1925 年五卅惨案发生后，上海总工会和工商学联合会统一领导上海各界实行总罢工、总罢课和总罢市。8 月 21 日，商务印书馆发行所的职工也举行了罢工，推举陈云担任罢工委员会委员长。罢工进行中，发行所职工会、印刷所职工会、总务处同人会，成立了总罢工执行委员会，选出了第一届执行委员会；那年陈云刚满二十岁，但工友们看他在罢工中表现出非凡的组织才能，所以一致选举他为工会委员长。

罢工胜利后，八九月间，陈云经中共商务印书馆党组织负责人董亦湘、恽雨棠介绍，加入了中国共产党。

1925 年 12 月初，商务资方无理开除了印刷厂和发行所的十七名工人。工会向资方几度交涉均无效。于是，商务印书馆的职工在陈云等人的领导下举行了第二次罢工。罢工坚持了五天，资方勾结军阀孙传芳派军队前来恫吓，工会领导职工坚持斗争，坚决不复工。资方无计可施，只好在当夜答应了工会提出的全部条件。是年底，中共商务印书馆（包括印刷厂）总支部成立。陈云担任总支部发行所分支部书记、发行所职工会党团书记；任中共商务印书馆总支部干事、委员。

以后，陈云又参与领导了商务印书馆的几次罢工，每次都取得了胜利。通过这些斗争，商务印书馆的工会在职工中建立了很高的威信，成为当时上海各工会中最有名气的一个。

朱佳木 / 文

上海商务印书馆发行所工会第一届执行委员会委员合影（前排左三为陈云） 1925 年

陈云讲故事

1927 年，陈云受党组织派遣，离开上海，到乡下去搞农民运动。

农民对这个城里来的人很热情，给他安排吃住。到了晚上，他就给房东和邻居的乡亲们讲故事。由于他的故事讲得通俗生动，绘声绘色，吸引了越来越多的听众。那时候乡下没有电，晚上照明要点油灯，大家就轮流负责，今天用了这家的油，明天就用那家的油。

一开始，陈云给大家讲《三国演义》《水浒传》《七侠五义》，这些历史故事，大家听得津津有味。慢慢地，陈云就讲到了农民的切身问题，地主剥削、官府压迫，一点点地启发大家。人们越听越入神。有时陈云看看表已经到半夜 12 点了，就说，时间不早了，都回去睡觉吧！可是谁也不肯走，都央求说，不行，你还是再讲一会儿吧。

通过这种方法，陈云很快就把农民发动起来了。

熊亮华 / 文

小蒸农民武装暴动指挥所旧址

一个深晚

1932 年农历十一月的一天，已经是深夜 11 点钟了，陈云坐着一辆黄包车，经过上海市内曲曲弯弯的小路，在北四川路的一个地方停了下来。付了车钱，他看看四周没有人盯梢，便迅速走进了沿街一座住宅楼，轻轻叩响了三楼右边的房门。

原来，这里是鲁迅先生的家。当时，瞿秋白和杨之华夫妇因躲避敌人侦探的追捕，已在鲁迅家中住了几个月。由于白色恐怖严重，风声很紧，党组织决定派陈云把他们夫妇转移到另一个地方去。当瞿秋白向陈云介绍鲁迅时，陈云十分诚恳而尊敬地说："久仰得很。"这是他第一次见鲁迅。鲁迅问："深晚路上方便吗？"陈云答道："正好天下雨，我们把黄包车的篷子撑起，不妨事的。"然后，他们告辞出来。鲁迅夫妇把他们送出门，目送他们下楼方才进去。

1936 年，正在苏联列宁学校学习的陈云从报上看到鲁迅病逝的噩耗，那个穿灰布棉袍的身影又在他眼前浮现。于是，陈云拿起笔，写了题为《一个深晚》的短文，以史平为笔名，发表在中国共产党在巴黎办的《救国时报》上。

朱佳木 / 文

紀念魯迅先生

魯迅先生答蘇聯作家問

毛澤東

巴黎《救国时报》第 64 期　1936 年

理解与教育

陈云当组织部部长的时候，十分关怀青年的成长。他理解他们，时刻注意培养教育他们。

1938 年，抗大的一个青年学生被分配到组织部工作。这个人刚工作了几天就病了。有一天他找到陈云，说自己不适应组织部的工作，要求调动。陈云了解到，他工作还是很负责的，以前在抗大非常活跃，爱好文体活动，但这里要求他必须严肃、冷静地开展工作，他觉得不习惯，竟闷出了病。陈云理解他的苦衷，就答应了他的要求，让他回抗大去了。

不料他刚回到学校，就受到了严厉的批评，说他不安心工作，不服从党的安排。还有人质问他是不是共产党员，是不是革命军人，为什么不服从命令。他听了后很害怕，赶紧又找到陈云。陈云看见他惊慌的样子，就安慰说：你是一个好同志，一时不能习惯这里的工作，这是可以原谅的。你还年轻，又是个新党员，要是老党员，我们就要批评了。你应该严格要求自己，尽快适应党分配的工作。

这个人看到陈云这么理解他，才放了心。陈云问他能不能在组织部再工作一段时间试试，他同意了。后来他留在了组织部，工作得很出色。

熊亮华 / 文

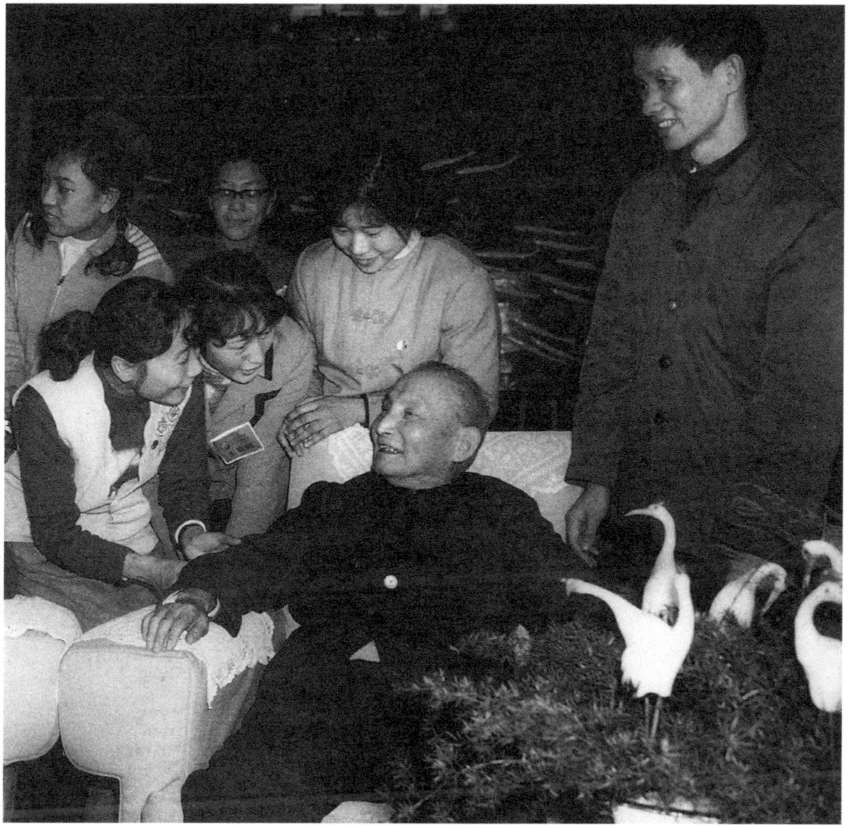

陈云与出席共青团十一大的代表亲切交谈　1982 年

模范学习小组

为了提高全党的马列主义理论水平，促进中国革命事业的发展，1938年，中共六届六中全会号召全党开展学习运动。

陈云一贯重视学习，认为这是共产党员的职责。他响应六中全会的号召，在组织部成立了一个学习小组，成员有李富春、王鹤寿、王德等，后来陶铸、陈正人等也陆续加入。另外，还有很多人来旁听，陈云把他们叫作“后排议员”。学习小组请毛泽东的秘书，哲学水平较高的和培元当辅导教师。

学习小组的学习内容是马克思主义哲学、政治经济学以及毛泽东等人的著作。那时陈云工作非常忙，但他从不以此为借口而耽误学习。毛泽东曾说，陈云有“挤”的经验，能够在繁忙的工作中挤出时间看书、学习。这个学习小组学习很有成效，在当时的延安颇有名气。1940年第一届“五五学习节”，陈云领导的学习小组被评选为“模范学习小组”。

在以后的岁月里，陈云的学习一直保持不断。1943年，在延安养病时，他学习毛泽东的著作；在“文化大革命”的狂风恶浪中，他除了学习毛泽东著作外，还通读了《马恩选集》及《列宁全集》中的一部分。勤奋的学习，为陈云做好领导工作打下了坚实的理论基础。

熊亮华 / 文

陈云与中共六届六中全会主席团成员合影　1938 年

知人善任

1938 年 9 月，陈云在延安抗日军政大学的一次讲演中说，对干部要有全面的了解和应有的信任，必须防止打桩式的用人方法，不能一抬抬到天上，一打打到地下。接着他就给大家讲了一段往事。

还是在江西苏区的时候，有一个干部叫毛泽覃，是毛泽东的弟弟，在永吉泰中心县任县委书记。在巩固根据地的问题上，他和邓小平等人一起抵制“左”倾冒险主义的错误做法，受到错误的批判和撤职处分，开始坐冷板凳。后来被派到一个区域去做扩大红军的工作。结果超额完成了任务，成绩非常突出。他回来的时候，许多人又把他抬高起来，调他到闽赣边界的游击区去任职。隔了几个月，因为他说了几句所谓有些近于“右倾机会主义”的话，刚好派他负责的扩大红军工作又没有取得很好的成绩，于是又说他不能用了。组织部门给他安排工作，但各处都不要这个人，送到这里不要，送到那里拒绝，搞得他几乎连饭都吃不上了。陈云看不下去，就找到组织部门说，他们都不要他，我要。毛泽覃写得一手好字，而且政治经验非常丰富，在陈云这里干得很好。红军长征退出江西后，他留在当地坚持斗争，不久在一次战斗中英勇牺牲了。

熊亮华 / 文

陈云在延安

抢知识分子

全民族抗日战争开始后，各方面都在争夺知识分子。国民党抢，日本侵略者抢，都想争取知识分子为自己服务。陈云说，我们也要抢，抢慢了就没有了。如果把广大知识分子都抢到我们这儿来，那么，虽然还不能说天下完全是我们的，但至少也有三分之一是我们的了。

何穆是当时一位著名的留法肺科专家，因为不满国民党的腐败和消极抗日政策，从重庆来到延安工作。延安当时缺医少药，何穆的到来当然大受欢迎。陈云对他的工作和生活都很关心。1938 年 11 月，日军飞机两次轰炸延安城，陈云为了保障何穆的安全，安排他到组织部住，并送给他一匹马，以备出诊时骑用。

不料一年后，何穆突然要求离开延安。陈云几次挽留，他仍坚持要走，说要到外面休养。后来了解到，前不久一位领导同志摔伤了，有人对何穆的治疗说了一些风凉话，他心里不痛快。陈云觉得不便强留，就想了个办法，同意他出外休养，但交给他为延安采买医药用品和招收医务人员的任务。何穆答应了。

何穆走后，有人认为他一定不会回来了，觉得放走他十分可惜，但何穆没有辜负组织和陈云的信任。1940 年 12 月 11 日，他带着从大后方买来的医药用品和招收的六名医护人员回到了延安。第二天，陈云亲自去看望他，并推荐他担任了中央医院的院长。

熊亮华 / 文

陈云在抗大建校三周年纪念会主席台上　1939 年

一堂党课

陈云在担任中共中央组织部部长期间，经常到延安各类干部学校讲党课。他讲课通俗易懂，深入浅出，很受干部和学员的欢迎。

一天，延安马列学院学员在南课棚等候陈云来上课，纷纷议论陈云会讲什么。有的学员还把自己听过的陈云形象生动的讲话复述给大家，更引起了大家的兴趣。一会儿，陈云来了，他亲切地向大家打过招呼，就开始讲课。他说：今天只讲两个字，一个“到”，一个“底”。每个党员入党宣誓时都表示要为共产主义奋斗到底。“到底”究竟是什么意思？陈云讲到这里，顿了一下，用眼睛扫视着大家。课堂上鸦雀无声。只见陈云端起茶杯，指着杯底说，“到底”的“底”不是茶杯的底，用上海话说，就是“翘辫子”，就是奋斗到死。他平静地扳着手指说，陈独秀、张国焘、顾顺章就是没有到底。再比如，监狱叛变、战场逃跑、受金钱美女利诱等等，总之只想到个人的得失进退，就不能到底。他还用许多为共产主义事业壮烈牺牲的英雄烈士的史实，讲解怎样才叫“到底”。

陈云的话使听课的学员深受教育，很多老干部谈起延安时听陈云讲党课的感受，都认为对自己的一生影响很大。

曲中进 / 文

陈云在抗日战争时期

局部和整体

抗日战争时期，中共中央为了统一陕甘宁和晋绥边区的经济工作，成立了由西北局领导的西北财经办事处。陈云于 1944 年 3 月起担任副主任兼政治部主任，主持办事处的工作。在此期间，他比较注重的一个问题是局部和整体的关系。

1944 年底，边区召开供给会议，讨论和制定各机关、部队的供给标准问题。一些机关、部队出于局部利益的考虑，总想把本单位的标准定得高一些，以便多分取一些东西。陈云经过观察，发现在供给问题上，没有一个单位会嫌东西多的。他考虑，如果每个单位都多分一些东西，那物资供给就很紧张，甚至会引发“天下大乱”的局面；如果给一些单位少分点东西，这些单位会不满意，但引出的只是“天下小乱”。“天下小乱”总比“天下大乱”好。于是，他强调在给各个机关、部队定标准时，要严格把关。他对财经干部说少发东西就得准备挨骂，这点不要怕。因为只有这样，天下才能稳定。

为了帮助大家正确处理局部和整体的关系，陈云还经常教育各单位的负责人。他说：我作为领导机关的负责人，既要照顾整体，也要照顾局部。而你们作为局部的负责人，既应照顾局部，同时也应站在整体的立场上衡量一下。能不能做到这一点，是共产主义和非共产主义的原则区别。

曲中进 / 文

陈云（左四）与毛泽东（右二）、任弼时（左三）、贺龙（左二）等在延安　1942 年

大事和小事

抗日战争时期，国民党顽固派对陕甘宁边区实行封锁，致使边区经济形势非常严峻，需要解决的问题很多。陈云作为西北财经办事处的负责人，既要议大事，制定大政方针，又要处理许多麻烦琐碎的小事。

对于一些重大问题，陈云总是亲自找各方面的同志做调查，掌握具体材料，加以分析研究，并与陕甘宁边区政府主席林伯渠等边区党政负责人磋商，最后还要向毛泽东请示汇报。在这个基础上，他先后主持制定了各种财经制度和政策。对于许多看起来不起眼的小事，陈云也从不轻易放过。1944 年秋天发棉衣时，发生了小号衣服不合格，无法穿的事情。陈云听到反映后，马上指示将小号衣服如数退回更换，并召集有关部门开会，检讨冬衣制发的教训，指示有关人员在制定夏衣时，要先将各种衣服的尺寸标准写成文件。当时有的同志认为这样算账太繁琐，是事务主义。陈云告诫说：经济工作是事务性多一些，但不能把这当作事务主义。无论是发衣服还是发鞋子，少给了解决不了问题，多给了浪费，都不对。每个同志都要有当家人的态度，要仔细核算，否则，小事就会变成大事。

曲中进 / 文

陈云与毛泽东等参观陕甘宁边区第三届生产展览会　1943 年

抓住牛尾巴

1946 年 10 月，进入东北的国民党军队按照蒋介石制定的“南攻北守，先南后北”的战略方针，集中兵力向吉辽东部的解放区大举进攻。一时间，南满战场成了敌我双方争夺的焦点。为了加强那里的领导力量，当时担任中共中央东北局副书记、东北民主联军副政委的陈云，自告奋勇，请求亲赴南满。

11 月底，陈云和萧劲光抵达鸭绿江边的临江。当时，南满根据地只剩下四个县的地盘，形势十分危急，干部中对能否坚持南满斗争意见很不统一。为了对去留问题做出决策，陈云用半个月时间进行了调查研究。12 月 13 日，辽东军区在七道江召开的师以上干部会议上对去留问题又发生了争论，主持会议的萧劲光请陈云前去决断。当晚，陈云冒着暴风雪，乘一辆机车由临江赶到七道江。他先让两种意见继续充分发表，直到第二天晚上才做结论。他说：东北的敌人好比一头野牛，牛头牛身朝着北满，牛尾巴在南满。如果抓不住牛尾巴，它就会横冲直撞，南满保不住，北满也危险；相反，抓住了牛尾巴，敌人就进退两难。他决定：主力部队都留下来坚持南满斗争，第四纵队到敌后去“大闹天宫”，把地方武装交给野战军补充兵员。

此后，在北满部队三下江南战役的配合下，南满军民取得了四保临江战役的重大胜利，扭转了东北的战局。

朱佳木 / 文

陈云与萧劲光在临江　1947 年

组建中财委

党的七届二中全会前，周恩来推荐陈云主持筹建中央财经委员会，统一管理全国的财经工作，得到毛泽东和中共中央的赞同。陈云虽在陕北和东北根据地显示了他的经济管理才干，但要管理有四亿多人口，长期受到战争破坏的国家，无疑是一个严峻的考验。从东北赴京前夕，一位朋友问他："进关以后打算怎么干？"他回答说："安下地盘试一试。"

1949 年 5 月，陈云一到北京，立即着手熟悉情况，物色干部，寻找办公用房。7 月中旬，以中央财经部和华北财委两个班底为基础，组建了在中国人民革命军事委员会领导下的中央财政经济委员会（简称中财委），成员仅六十多人。陈云在成立会上感慨地说：我以前只管过陕北的"小摊摊"，今后要和大家一起做全国的"大买卖"。我们的工作要逐步进行，一定要把"大买卖"做好。他千方百计地从各方面罗致财经人才，培训从部队中选拔来的干部，慎重选择国民党政府机构中的留用人员，聘请苏联专家，使中财委机构日益健全起来。

新中国成立后，陈云被任命为政务院副总理兼财经委员会主任。他在原中财委的基础上，扩充建立起政务院财政经济委员会（仍简称中财委），成员达到三百多人。在不到一年的时间内，中财委领导实现了财经统一，稳定了全国物价，调整了工商业，成功地担起指挥全国经济工作的重任。

刘书楷／文

政务院财政经济委员会成立时合影（前排左六为陈云） 1949 年

共产党里头有能人

新中国成立之初，我们接收的是一个经济烂摊子，连续十二年的通货膨胀仍十分严重，物价持续上涨，人民深受其苦。一些资本家怀疑共产党管理经济的能力，甚至有人说："共产党是军事一百分，政治八十分，财经打零分。"

陈云主持财经工作后，深感要建立正常的财经秩序，稳定物价是基础，不能避开。于是他下决心做好这项工作。经过分析，他认为，城乡物价稳定的关键是"两白加一黑"（即大米、棉花纱布、煤炭），掌握了这些重要物资，就掌握了控制市场物价的主动权。他指示各地迅速做好收购和调运"两白一黑"及其他重要物资的工作，于 1949 年 11 月 25 日开始，在全国各主要城市国营贸易机构抛售。起初，投机商人根据自己多年的经验，认为囤积物资就能大赚，因此都竭力购进，有的资金不多，还借了高利贷买货。几天以后，由于国营公司准备充分，物资仍很雄厚，并且降价出售。投机商大为吃惊，也赶紧抛售囤积物资，结果愈抛愈贱，物价迅速回落，投机活动受到沉重打击。

1950 年 3 月，陈云又领导实现了财经统一管理工作，消除了因战争和财经分散管理造成的巨额财政赤字，促使物价基本稳定。陈云及中财委通过不到一年时间的工作，结束了旧中国连续十二年的通货膨胀，创造了使中外瞩目的奇迹。一些原来持怀疑态度的资本家也说："共产党里头有能人。"

刘书楷 / 文

新中国成立初期的陈云

团结信任爱国民主人士

陈云主持中财委工作后，十分注意团结爱国民主人士。他认为，民主人士大多具有丰富的知识和较高的经济管理能力，他们对国民党是不满意的，愿意为新中国经济建设贡献力量，应该信任和团结他们，充分发挥他们的作用。于是，一些民主人士被安排到中财委工作。如经济学家马寅初担任了中财委副主任，一些实业家、银行家如陈叔通、章乃器、钱昌照、黄炎培等担任了中财委委员，孙越崎、孙晓村等被任命为中财委的副局长。陈云和民主人士的合作是真诚的、融洽的。他经常向他们请教和咨询，放手让他们工作，使他们有职有权，参与决策财经大计。

在调整工商业中，陈云提出的采取加工订货的方式，把私营企业纳入国家资本主义轨道的办法，就是同民主人士商量的结果。他还同当时上海棉纺业巨头荣毅仁、郭棣活、刘靖基等座谈，提出由国家保证棉花供应，厂家按质量要求生产纱布交给国家，国家给予代纺代织的工缴费，他们认为可行，陈云才确定广泛推行这一措施。

在每年年末安排翌年生产计划时，陈云总要邀集许多私营工商业者同国营企业负责人一起开会，根据实际生产能力研究确定生产任务，帮助工商业者解决原材料供应和运输问题。有时还要国营企业做出减让，以满足私厂要求，这使私营工商业者深受感动。胡厥文、盛丕华、郭棣活等曾感慨地说，这样的事在国民党当政的二十二年中是从来没有过的。党和政府这样信任我们，我们没有理由不努力生产。

刘书楷 / 文

陈云与陈叔通（右一）、包达三（右二）交谈　1953 年

货比三家

中国有句俗话叫“货比三家不吃亏”，是说在买东西的时候要多做比较，从中选择最好的，这样才不会吃亏。陈云是我们党内做买卖的专家，对这一诀窍非常熟悉，还经常把这个诀窍运用到国际贸易中去。

1953 年以后，我国开始大规模有计划的经济建设，急需从国外进口工业设备。因为当时我国与苏联关系很好，最简单的办法自然是从苏联进口。实际上我国的一些主要工业设备也都是从苏联进口的。但陈云并不以此为满足，他经常对各国的产品进行比较。当时，一些国家在中国举办工业产品展览会，陈云不仅看苏联的展览会，也看波兰和其他东欧国家的展览会，而且还特别注意看日本等国的展览会。通过比较，他发现苏联和东欧的许多设备技术落后，价格也高，不如欧洲其他国家和日本的产品。因此，他提出在与苏联做买卖的同时，也要加强与日本和欧洲其他国家的联系。在这一思想的指导下，我国也从欧洲和日本进口了一些设备，既节省了外汇，还学到了先进技术。

孙业礼 / 文

陈云在参观日本商品展览会时与展览会总裁村田省藏交谈　1956 年

视察“一汽”

1957 年 10 月 16 日，陈云来到长春市，视察第一汽车制造厂。他对厂长饶斌说：这个厂我们花钱多，要好好看一看。

“一汽”是我国第一个五年计划期间建成的重大工业项目。当初工厂选址时，争论很大。苏联专家认为应建在北京，其他人有主张建在石家庄的，有主张建在太原的。陈云从战备考虑提出，是不是可以放远一点，放到西安去。后来，经过进一步调查研究，陈云认为原先的想法不合适。如建在西安，因为电力不足，光修发电厂就要好几年时间；木材如果在当地解决，就要把西北山区的树木都砍光。因此，最后他建议在东北选址。经过从能源、交通、原材料等多方面的科学论证和民主讨论，决定建在长春。陈云在主持编制“一五”计划时，也尤其注意资金和物资方面保证“一汽”的建设。1956 年 7 月，“一汽”生产出第一批解放牌汽车，结束了我国没有汽车工业的历史。

陈云在“一汽”视察时，几乎一整天都在车间里，对生产流程的各个环节看得非常仔细。他还问到生产中的主要困难，要大家通过勤俭办厂来解决。他风趣地对大家说：苏联 1945 年进军我国东北时，汽车的驾驶室都是木头做的，木头总比钢材好解决吧！说完，他自己也忍不住哈哈大笑起来。

看到我国第一个汽车工厂欣欣向荣的景象，陈云非常高兴，那神情，就像父亲看到长大成人的孩子一样。

熊亮华 / 文

陈云观看第一汽车制造厂生产的东风轿车　1958 年

关心万吨水压机

1958 年春，陈云在上海疗养时，听说一机部副部长沈鸿正在上海着手我国第一台一万二千吨水压机的设计制造工作。当时正值“大跃进”时期，自力更生设计制造万吨水压机普遍受到拥护。陈云在党内以稳重著称，在“大跃进”中头脑也比较冷静。他认为搞万吨水压机是好事，但对有多大可能性不摸底。于是就在住所约见了沈鸿。

沈鸿来了以后，陈云先和他叙了一段旧，才转入正题。陈云问沈鸿：“你要造万吨水压机，有把握吗？”沈鸿说，初步方案是，先造一个小的，一千二百吨，如果成功了，总结经验，再造大的。如果不成功，也不硬造，避免浪费国家财物。他又说：“第一我选定上海，因为上海的工业基础好；第二我选定江南造船厂，那里老工人多，技术力量雄厚。”陈云听后说：“好，你这个想法对。”

1962 年，万吨水压机建造完成，经过两年试用，1964 年才对外公布这一消息。1965 年陈云在上海疗养时，专门到上海重型机器厂参观了万吨水压机。他看后高兴地说：“我们现在有了万吨水压机，我国的锻压技术又前进了一大步。”

肖华光 / 文

陈云与沈鸿亲切握手 1982 年

在十三陵水库工地

1958 年 6 月，中央国家机关各部部长、副部长和司局长以上的领导干部五百四十多人，分批到十三陵水库工地参加为期一周的义务劳动。

21 日这一天，陈云也来到了沸腾的劳动工地。他一下车，很多人便都聚拢过来，鼓掌欢迎他。陈云微笑着，一边和大家打招呼，一边快步走向自己的劳动地点，投入到紧张的劳动中去。

那时，陈云的身体不大好，但他谢绝了医生的劝告，不肯放弃这次劳动的机会，而且专找重活干。他有时排在行列中同大家一起传递石头，有时拉车送石料。在休息的时候，他就同周围的同志亲切交谈。他乐观的精神、幽默的话语、和蔼的态度深深地感染着大家，工地上的劳动热情更加高涨。工地指挥部原来给这批劳动者的任务是一星期运送石料二百六十立方米，结果这支平均年龄四十五岁以上的劳动队伍超额百分之四十八完成了任务。

蒋永青 / 文

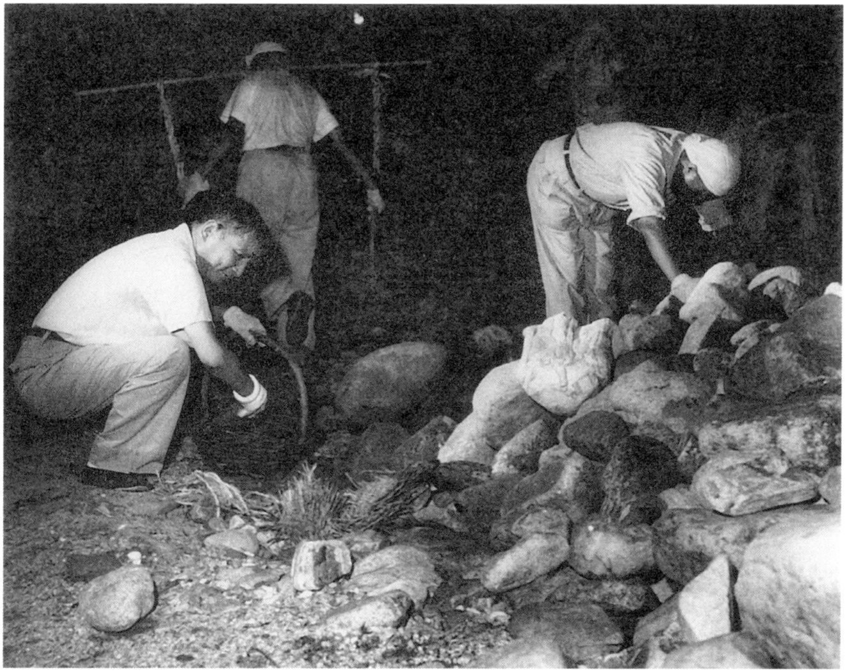

陈云参加十三陵水库劳动　1958 年

落实钢铁指标

1958 年，“大跃进”运动在全国掀起，高指标、瞎指挥、浮夸风、“共产风”泛滥一时，其中一个突出的问题是钢铁指标订得过高。1958 年 8 月，北戴河会议决定 1959 年的钢产量指标为两千七百万吨至三千万吨。当时担任中央财经小组组长、国家基本建设委员会主任的陈云认为，这个指标大大超过了国力所能承担的限度。但他的意见得不到重视，因而忧心忡忡。

后来，毛泽东提出要“压缩空气”。中共八届六中全会上，刘少奇主持召开了几次研讨会，把 1959 年的钢产量指标降为一千八百万吨至两千万吨。但陈云认为实现这个指标仍有困难，建议会议公报不要公布钢煤粮棉四大指标。可是这些意见没能及时反映到毛泽东那里。

1959 年春，毛泽东在八届七中全会上批评了经济工作中存在的一些问题，肯定了陈云的主张，强调做计划要“留有余地”“多谋善断”。他还说，陈云的正确意见没有被重视，造成工作上很大的被动。会后毛泽东委托陈云进一步研究落实 1959 年的计划，尤其是钢铁指标。

陈云通过多方面调查，征求了各有关部门的意见，听取了冶金部六次汇报，征求了国家计委有关各局的意见，又在中央财经小组进行了讨论，最后将 1959 年的钢产量指标拟定为一千三百万吨。陈云的这个意见提到中央政治局会议讨论后通过。执行结果，1959 年钢产量完成一千三百八十七万吨。

刘书楷 / 文

陈云视察武汉钢铁公司　1958 年

内行的“老听客”

陈云酷爱曲艺，在繁忙的工作之余，或因病休养期间，常以听曲艺段子作为娱乐和休息的方式。他很喜欢京韵大鼓，并熟知其流派。对他家乡流行的评弹，更是情有独钟。少年时期，他常去听“戤壁书”（即无钱买票，靠在书场门口的墙上听书）。1958 年以后，在断断续续的病休期间，他遍听了评弹界主要艺人和主要书目的演唱或录音，并广泛接触了评弹艺人、创作人员和负责干部，对评弹发表了许多中肯的意见。

陈云幽默地称自己“是搞穿衣吃饭的”，对评弹只是个“老听客”，而艺术的专门问题要依靠有经验的艺术家和文艺理论家去解决，他只能讲点参考意见。他说：听众出了两角钱到书场，不是来上政治课的。因此说书要严肃与活泼相结合，要有适当的噱头，以调剂气氛，吸引听众，如果像教员讲课一样，就只能叫训练班而不叫书场了。

1981 年 4 月，陈云在接见曲艺界人士时提出了“出人、出书、走正路”的希望，后来又多次重申，还写成条幅赠给曲艺界的知名人士。这七个字，准确、鲜明地概括了他对曲艺乃至对文艺工作者的基本要求。

为了培养青年曲艺人才，陈云倡导开办了苏州评弹学校和中国北方曲艺学校。他把自己文选的稿费捐给曲艺学校，还把在战争年代一直带在身边的《辞海》等书籍赠给上海人民评弹团，勉励他们做好培养曲艺人才的工作。

刘书楷 / 文

陈云在书场听评弹

棒冰为什么论碗卖

我们党过去长期在农村搞武装斗争，对于管理城市经济没有经验。因此，新中国成立后陈云主管财经工作的时候，特别注意向资本家学习管理经济的方法。

当时国营商业中有个问题，就是老百姓需要的东西商店里没有，而商店里积压的好多商品老百姓又不需要。陈云经过了解，发现资本家经营的商店中就没有这个问题。陈云年轻时在上海当过店员，对上海商界的情况比较熟悉。他说，资本家的商店中有一些“头戴瓜皮帽，手拿水烟袋”的人，他们不管具体业务，专门为商店的经营出点子，考虑商店什么时候该卖什么货。而我们的商店中却没有这样的人，卖什么货，全靠经理的主观决定，因此，经营中盲目性很大。

20 世纪 60 年代，有一次陈云在家乡农村搞调查，听见街上小贩喊：“卖棒冰了，两分钱一碗。”陈云觉得很奇怪，棒冰怎么能论碗卖呢？经过了解才知道，公私合营后，这里的棒冰是从上面批发到县里，县里批发到镇上，等镇上再批发给小贩时棒冰已经化了，只好论碗卖了。而过去私商是直接从上面进货，自然没有这个问题。

因此，陈云向商业部门多次提出，我们也要有“瓜皮帽、水烟袋”，要好好研究资本家的经营诀窍。

孙业礼 / 文

陈云与原上海永安纺织厂总经理郭棣活（左一）、安达纺织厂总经理刘靖基（左二）交谈　1957 年

关心化肥生产

三年困难时期，增产粮食是解决一切困难的根本措施，而增产化肥又是增产粮食最有效的办法。在如何发展化肥生产的问题上，陈云做了长时间的调查研究，并对冀、鲁、豫、皖北、苏北等地的小化肥厂做了考察。

1960 年 10 月的一天，陈云来到安徽芜湖的联盟化肥厂调研，边听边做记录，还不时插话。陈云说：一斤化肥可增产三斤粮食，今后全国两千多个县都要力争有一套小化肥厂。日本过去是靠侵占我国东北起家的。战败后，他们又靠化肥发家。我们的小化肥厂要根据中国的条件，办在农村，数量要多，设计不能太“娇气”。

后来，陈云看到小化肥厂的技术一直不能过关，成本高，质量差，产量低，不如搞大化肥厂合算，就冒着被指责为违背自力更生原则的风险，提出利用外国先进技术搞大化肥厂，尽快把化肥生产搞上去。

1961 年 4 月，陈云在杭州主持召开了中央化肥小组座谈会，对大型合成氨厂的建设做了具体安排，目标是在三年内集中力量，通过进口和国内配套生产，陆续建设八到十个年产五万吨的合成氨厂，实现每年生产二十万到二十五万吨化肥的生产能力。这项决策，有力地推动了我国化肥工业的建设。

蒋永青 / 文

陈云视察安徽芜湖联盟化肥厂　1960 年

解决群众穿袜子问题

三年困难时期，身为中央财经小组组长的陈云为国家经济状况的好转日夜操劳，他不但从宏观上研究解决整个国民经济的问题，而且极其关心人民群众生活中的每一个细微之处。

1961 年 1 月，他致信李富春，希望不要削减对粘胶纤维和聚氯乙烯的基建投资。他认为，对棉花增产和皮革增产在短期内不能寄予太大的希望，而群众又不能长期只靠发的几尺布票穿衣穿鞋。我们现在对纺织轻工的投资不大，为了解决群众的穿衣问题，宁愿削减其他基建项目。

当时，因国家棉纱不足，人民群众穿袜子也成了一个大问题。国家供应的袜子很少，而群众买了袜子，穿不到一周，脚趾脚跟就露出来了。多少母亲、多少战士经常在灯下忙着补袜子。不补没得穿，而补又要用去一部分本来就很少的布票。这件事困扰着千百万妇女和战士的心，也困扰着陈云的心。当时国外已开始时兴穿尼龙袜，比棉线袜抗磨耐穿。陈云经过考虑，指示外贸部、纺织部进口了一部分尼龙，以解决群众的穿袜问题。这件事表明，陈云与人民群众是心连心的。

蒋永青 / 文

陈云视察兰州市郊桃林农业生产合作社　1958 年

青浦调查

陈云一向重视调查研究。他常说，要用百分之九十以上的时间研究情况，用不到百分之十的时间决定政策。他是这么说的，也是这么做的。

1961 年 6 月至 7 月，陈云第四次到青浦调查。当时国家正处在三年困难时期，他要研究的是如何尽快恢复农业生产。调查进行了十五天，都是在农民家中吃住。他用两个半天听公社党委汇报，然后开了十次专题座谈会，看了社办工厂、养猪场、商店和仓库，还到一些农民家里座谈。

一天，陈云在镇上看见农民门前晒着生产队分的麦秆，家家户户都在搓麦秆上的麦粒。他问一个老大娘，她家能搓多少，老大娘说能搓一斗。陈云对身边的工作人员说：这是生产队故意在场上不碾干净，借着给社员分草而将麦子分给社员了。可见我们不能多拿农民的东西，你硬要拿的话，农民总有办法对付。陈云看了几个集体养猪场，认为猪场是“大而无当”，养的猪都不好。接着又考察了许多农户的猪舍，看到农民“像管孩子那样养猪”（陈云语），大为高兴。他笑声不绝地说：“看这多好。”集体猪舍太脏，猪容易得病，冬天太冷，母猪生仔容易死。农民的猪舍间间清洁，猪吃得香，睡“软铺”，“冬暖夏凉”。

陈云在这次调查后写了《母猪也应该下放给农民私养》《种双季稻不如种蚕豆和单季稻》《按中央规定留足自留地》三个专题报告，给中央制定恢复农业生产的政策提供了参考。

蒋永青 / 文

陈云在上海青浦县小蒸公社调查时与公社干部合影　1961 年

一副助听器

天下大事，吃饭第一。新中国成立初期，陈云对于关系我国人民饭碗的农业问题就非常重视。我国人多地少，发展农业科技是解决农业问题的关键。因此，陈云对于农业科学技术问题尤为重视，对于农业科学家更是十分珍惜和爱护。

顾复生新中国成立后曾担任江苏省农业科学院副院长，长期致力于我国农业问题的研究。他与陈云很熟悉，在 20 世纪 20 年代曾同陈云一起闹革命，两人在新中国成立后也常有联系。顾复生经常向陈云反映农业方面的问题，陈云也常向顾复生作关于农业问题的咨询。1961 年陈云到上海青浦做农村调查时也请他一起去。但顾复生有耳聋的疾病，这给他研究农业问题带来了很大的不便。

随着年龄的增大，顾复生的耳聋更加严重。当时，我国还不能自己生产较好的助听器，地方上又买不到进口的助听器。为此，顾复生很苦恼。陈云了解到这个情况，特地派他的秘书在北京买了一副进口助听器送给了顾复生。收到陈云送来的助听器，顾复生非常感动。他深知，这不仅是陈云对他个人的关怀，也表示了陈云对我国所有农业科学家的关怀和对发展我国农业科学技术的殷切期望。

孙业礼 / 文

陈云接见农业劳动模范

江西“蹲点”

1969 年 10 月，陈云被“疏散”到江西，在南昌郊区青云谱干休所居住。由于那时他尚保留着中央委员的名义，因此决定让他到距住所一公里的江西化工石油机械厂“蹲点”。

该厂是江西生产建设兵团下属的一个工厂，全厂有一千六百多名工人，十一个连队(车间)，一百多个班(组)。陈云深入连队班组，参加他们的生产劳动和政治学习，了解生产的全过程，和工人一起研究解决生产中的问题。

起初，工人们对他缺乏了解，不大敢接近他。但过了一段时间以后，大家觉得他和蔼可亲，平易近人，共同语言就越来越多。在学习讨论会上，工人们经常让陈云给他们讲二万五千里长征中的故事，木模车间还专门做了一个小木凳子送给他用。到“蹲点”结束时，陈云参加班组会的次数累计达到几百次。他了解到一些比较大的问题，就和厂里的领导干部谈，并提出自己的意见。厂里的干部普遍感到他对生产管理很内行，意见都能提到点子上。

在江西两年多的时间里，陈云除了在这个厂“蹲点”外，还先后调查了十几个工厂和农村生产队的生产情况，并读了不少书。他通读了《资本论》和《马恩选集》《毛泽东选集》，还阅读了《列宁全集》十月革命以后的部分。

肖华光 / 文

陈云被下放“蹲点”在江西

不利用资本主义是傻瓜

1972 年，周恩来请陈云协助抓外贸工作。当时国际市场上棉布缺货，正是我国发展棉布出口的好机会。但当时棉花生产尚不能自给，要发展棉布出口必须从国外进口棉花。那时由于“左”的思想的影响，进口棉花的主张被认为是依靠外国，违背自力更生的原则。因此，有关部门不敢进口棉花。陈云了解到这个情况后及时指出：在现在的条件下，谁不利用资本主义，谁就是傻瓜。利用资本主义国家的棉花发展棉纺织业，这对我国经济是有利的。这些话消除了许多人的顾虑，为抓住机会进口棉花、出口棉布提供了依据。

当时还有一种错误做法，就是只愿意从国外进口大设备而不愿进口附件和配件，认为连小零件都要进口，对我们这样一个大国来说太丢脸了。因此，一些人常把主张进口配件的人叫作“洋奴”。但当时的实际情况是，有些小零件国内的确不能生产，如不进口这些小零件，大设备进来后因无法配套只能闲置。陈云从实际出发，提出要根据实际情况办事，必要时应进口配件。并且说，如果这就叫“洋奴”，那就让我做一次“洋奴”吧。这句话在当时虽然招致了一些非议，但却换来了许多进口设备的正常运转。

孙业礼 / 文

陈云参观广州秋季中国出口商品交易会　1973 年

在历史的转折关头

1976 年春，邓小平被错误地撤销了党内外一切职务。毛泽东逝世以后，“四人帮”加快了篡党夺权的步伐。叶剑英问陈云怎么办？陈云说这场斗争不可避免，表示支持中央粉碎“四人帮”的决心。

粉碎“四人帮”后，由于当时的中央领导人推行“两个凡是”的错误方针，邓小平仍然受到压制，不能出来工作。1977 年 3 月 13 日，陈云在中央工作会议上指出，粉碎“四人帮”后，面临的两件大事，是要给天安门事件平反，因为绝大多数群众到天安门是为了悼念周总理，坏人只是极少数；二是应该让邓小平重新参加党中央的领导工作，这是为了中国革命和中国共产党的需要。这次讲话得到大多数人的拥护，但会议简报组竟要求陈云把一些他们认为敏感的话删去，陈云拒绝了，结果这篇发言未能刊登在会议简报上。

在强大的阻力面前，陈云表现了坚定的党性和高度的原则性。1978 年底，在中央工作会议上，他又提出，为了能够把工作重点转移到社会主义建设上来，中央应妥善处理所谓六十一人叛徒集团问题、彭德怀问题等历史遗留问题，应该坚持有错必纠的方针。陈云的讲话，又一次引起了强烈共鸣，为十一届三中全会的召开起了推动作用。

蒋永青 / 文

陈云与王震在中共十一届三中全会上　1978 年

打算盘

陈云在上海商务印书馆当店员时，学会了打算盘。新中国成立后，在他担任中财委主任、政务院副总理时，身边也准备了一个算盘，经常用来计算各种经济数据。他说算盘用起来方便、快捷，一直舍不得丢掉。

1978 年秋，陈云在杭州休养。一天上午，他到玉泉公园散步，看到公园茶座的女会计正在打算盘算账，就走过去很和蔼地对女会计说，你的算盘让我打一下行吗？女会计一看是一位年长者，就说，好的，你打吧。陈云坐下来，很熟练地噼里啪啦地打起来。女会计用杭州话说，你算盘打得真好。陈云便用上海话回答说：谢谢你！

陈云打算盘这个镜头，被当天跟随陈云到公园散步的工作人员拍了下来。1981 年 8 月，这张打算盘的照片刊登在浙江的一本刊物上，同时还配发了中国佛教协会会长赵朴初写的一首诗。这首诗写道："唯实是求，珠落还起。加减乘除，反复对比。运筹帷幄，决胜千里。老谋深算，国之所倚。"

肖华光 / 文

陈云打算盘　1978 年

两盒葡萄

有一年秋天，北京军区的两位负责同志来到中南海陈云的住所，向他汇报军区在宣化组织的一次军事演习的情况，并带了两小盒宣化葡萄让他尝尝。陈云对军队向来很关心。他热情地和他们握手，招呼他们坐下，对汇报也听得很认真，问得很详细，房间里充满着亲切融洽的气氛。

但当军区负责同志汇报完毕，起身告辞时，陈云却让他们把葡萄拎回去。他说，我是中央纪委书记，不能收。

听了陈云的话，两位军区负责同志知道他误会了，赶忙解释说，两盒葡萄值不了几块钱，也根本不是送礼的意思，只是让他尝尝而已。

陈云见他们说得诚恳，葡萄也的确不多，就幽默地说：那好，我看这么办。他舒展开两手的十指，对军区负责同志说：我吃十颗，一个指头一颗，这叫“十全十美”，剩下的你们带回去。

两位军区负责同志深知陈云的脾气，只好依他。

刘书楷 / 文

陈云与李先念接见参加全军政治工作会议的代表　1982 年

推动古籍整理工作

古籍是中国文明的重要标志，是中华民族的宝贵精神遗产。但是，由于年深日久，古籍的虫蛀腐坏很严重，版本的驳杂、管理的混乱、古今语言的差异，使古籍的利用也受到严重影响。如果不尽早组织专业人员对古籍进行抢救整理，很多历史财富有可能从此失传。对这个问题，陈云一直十分关注。

1981 年 4 月，陈云在杭州休养时，就整理古籍问题提出了重要意见。他说：整理古籍，把祖国宝贵的文化遗产继承下来，是一项关系到子孙后代的重要工作。现已整理和出版了约二百多种，还差得很远，按现在的搞法，得搞上一百年。应组成直属国务院的古籍出版规划小组来领导这项工作，并由这个小组提出一个为期三十年的古籍整理出版规划。陈云知道李一氓对整理古籍有兴趣，也有一定研究，便提议由他具体负责抓这项工作。

在陈云的大力推动下，中共中央于 9 月 17 日发出了《关于整理我国古籍的指示》。国务院还恢复了古籍整理出版规划小组，直属国务院领导，由李一氓任组长。经过专家学者们的共同努力，更多的珍贵古籍得以整理出版，并培养出一批年轻的古籍整理工作者。

迟爱萍 / 文

陈云与李一氓亲切握手　1981 年

党风关系党的生死存亡

陈云历来重视党的作风建设。进入新的历史时期后，他兼任中央纪律检查委员会的第一书记，讲了句令全体党员振聋发聩的话：“执政党的党风问题是有关党的生死存亡的问题。”

1982 年，东南沿海一些地区走私活动猖獗，牵涉到少数党员领导干部。陈云在一封人民来信上批示：“对严重的经济犯罪分子，我主张要严办几个，判刑几个，以至杀几个罪大恶极的，并且登报，否则党风无法整顿。”邓小平表示完全同意，在上面又加了八个字：“雷厉风行，抓住不放。”六天后，中央发出紧急通知，随后又做出了开展严厉打击经济领域犯罪活动的决定。一场大规模的“严打”斗争就此开始，惩治和震慑了党内少数以权谋私分子，对党风的好转和改革开放的健康进行，起到了重要作用。

在“严打”中，有的同志不敢贯彻从严的方针，总怕搞过头，重复以往“左”的错误。针对这种错误认识，邓小平在 1986 年的一次中央政治局常委会上尖锐指出：现在总的表现是手软，判死刑也是一种不可少的教育手段，1952 年杀了刘青山、张子善，起了很大的作用。陈云插话说：杀一些可以挽救一大批干部，杀一儆百。他还要求纪检干部要敢于碰硬，要有坚定的党性，要有一股正气，不能在原则问题上“和稀泥”，做和事佬、老好人，否则就是失职。这些话直到今天仍然像警钟，时常回响在大家的耳边。

朱佳木 / 文

陈云与黄克诚（左二）在中央纪委第一次全体会议上　1982 年

对革命后代的深情

对于革命烈士的后代，陈云一向给予最深情最真诚的关怀。

陈云在 1927 年领导家乡的小蒸农民运动时，有一位战友叫陆铨。当时，陈云就住在陆铨家里。小蒸起义失败以后，陈云和几个领导人撤到上海，也是吃住在陆铨行医的老父亲家里。这段往事陈云一直记在心里。上海解放后，陆铨之子陆恺悌给陈云写信。陈云立即亲笔给他回了信。信中除了表扬他文字上的进步，请他代为问候他的祖母和母亲外，着重叮嘱他，并要他转告廖霓云(陈云表弟)，千万不可以革命功臣的子弟自居，不要在家乡人面前摆什么架子。陈云写道："我与你父亲既不是功臣，你们更不是功臣子弟。""真正革命功臣是全国老百姓……你们必须安分守己，束身自爱，丝毫不得有违法行为。"

陈云时常惦念着烈士的子女。1983 年春节，他特意邀请被敌人杀害的老一辈革命家瞿秋白、蔡和森、罗亦农、赵世炎、张太雷、郭亮、刘伯坚等的遗孤到他家中做客。他见他们就说："每逢佳节倍思亲。你们的父亲是党的亲人，民族的亲人。我们这些活着的人没有忘记他们，也不会忘记他们。"他还谆谆告诫这些烈士子女："你们应当像自己的父辈那样，处处从党的利益出发，为了维护党的利益，不惜牺牲自己的一切。"

朱佳木 / 文

陈云与部分烈士子女在一起　1983 年

中南海的火炬

1983年夏天，中国少年报社邀请陈云参加“全国快乐的小队夏令营”活动。那时，陈云已年近八旬，平日很少参加公开活动。但此刻，他不仅欣然接受了邀请，还反过来邀请孩子们到中南海做客，并亲笔起草了对孩子们讲话的要点。

8月4日上午，参加“全国快乐的小队夏令营”活动的一百六十六名优秀少先队员和四十名辅导员，排着整齐的队伍，喜气洋洋地来到美丽庄严的怀仁堂。10点整，陈云准时来到接见大厅，孩子们高兴地鼓起掌来，个个脸上洋溢着幸福的笑容。陈云认真听取了他们开展快乐的小队活动情况的汇报，不住地称赞他们做得好。一个小队员跑上前去，把自己最心爱的红领巾系在陈云爷爷的脖子上。陈云慈祥地望着她，和她亲切握手。藏族小朋友捧着雪白的哈达走过来，陈云立即用力撑着沙发站起来，双手郑重地接过哈达，连声说谢谢。陈云还愉快地接受了孩子们的要求，当了夏令营的荣誉营员，并为新学年题写了七个大字：“为祖国好好学习！”

在热烈的掌声中，陈云向孩子们发表了满怀深情的讲话。他说：我们已经老了，今后你们的父母也会老的。那时，你们就要接班，社会主义建设事业和共产主义事业就要靠你们继续下去。他的话回响在大厅里，震动着每一个孩子的心灵。最后，他走上怀仁堂主席台，亲手为夏令营点燃了火炬。小营员们举起右臂，在辅导员的带领下向陈云爷爷宣誓：“我们要把您交给我们的火炬世世代代传下去。”

朱佳木/文

陈云为“全国快乐的小队夏令营”点燃火炬　1983 年

我们是同行

1983年12月的一天，出席五届全国人大五次会议的上海代表团派了十名代表，前往中南海探望陈云。代表中有一位上海第十百货公司的营业员，名叫王娟华。当人们向陈云介绍她时，陈云握着她的手高兴地说：“你是营业员，好啊，好啊，我们是同行。”

原来，六十多年前，陈云曾在上海商务印书馆做过店员。

1919年冬，陈云告别舅父母，经老师介绍到上海商务印书馆发行所当学徒。那年他还不满十五岁，年纪虽小，可志气很大。在学徒期间，他不仅很快熟悉了业务，而且抓紧一切时间自修，提高自己的文化水平。每天清晨天未放明，他便起身读书、习字，下午下班后还要去补习班学习中文和英文，课后回到宿舍，继续读书直至深夜。

当时，学徒的月薪很少，第一年两元，第二年四元，第三年六元。陈云省吃俭用，就是这么一点微薄的收入，他还经常寄给舅父母，贴补家用。

在商务印书馆期间，陈云积极参加和领导了1925年的罢工运动，从此开始了他职业革命家的生涯。所以，他对商务印书馆有着深厚的感情。在1982年商务印书馆建立八十五周年时，他写了这样的题词：“商务印书馆是我在那里当过学徒、店员，也进行过阶级斗争的地方。应该说商务印书馆在解放前是中国的一个很重要的文化教育事业单位。”

迟爱萍 / 文

陈云与上海第十百货商店营业员王娟华握手　1982 年

会见侯宝林

1984年大年初一，被人们称为“语言大师”“天才笑匠”的侯宝林，与曲艺界其他几位著名人士应邀到中南海陈云住所欢度春节。

这天，陈云身穿银灰色中山装，神采奕奕，笑声朗朗。他见到侯宝林就高兴地说：“你是全国都欢迎的人。你所有的相声段子我这里都有录音。”

侯宝林风趣地说：“希望您多听相声，笑一笑，少一少，健康长寿！”

侯宝林对陈云说，自80年代起，他就开始着手总结从事相声艺术实践的经验，已写出有关曲艺艺术的四本书，还担任了北大中文系及其他院校的兼职教授。他感慨地说：相声听众这么多，但相声演员并不多。今年春节，从全国调来首都参加电视相声晚会演出的只有三十三对、六十六人。要发展相声艺术，遵循您指出的“出人、出书、走正路”很重要。我们应当办一些具有大专水平的曲艺学校，要不断总结相声艺术。

陈云称赞侯宝林的设想，并跷起大拇指对他说：“你是全国有名的教授了。”

侯宝林笑着回答：“我是党培养出来的教授。”

在这一年，侯宝林等举办了相声作品讨论会，并召开了评奖大会。侯宝林将这一情况写信告诉陈云。不久，就接到了陈云的回信。信中说：“得知你们举办了相声作品讨论会，并将召开评奖大会，很高兴。祝你们在发展相声艺术、丰富人民精神生活的事业中，取得更多的成绩。”

迟爱萍 / 文

陈云与曲艺界著名人士欢度春节　1984 年

要使教师成为最令人羡慕的职业

陈云对教育工作十分重视，因此一直非常关心教师队伍的成长和他们的实际困难。

有一段时间，由于教师的生活水平和社会地位不高，报考师范院校的高中毕业生越来越少。陈云得知这一情况后，于 1984 年 9 月 4 日指示中央有关领导同志，一定要重视教师的待遇问题。要想一些切实可行的办法帮助教师，尤其是中小学教师，提高他们的社会地位，解决他们的实际困难，如住房问题等，以“逐步使教师工作真正成为社会上最受人尊敬、最值得羡慕的职业之一”。不久，他又批示：要使中小学教师的工资标准“比同等学力从事其他行业的人略高一点才好”。后来，这个意见基本上得到了落实，中央和国务院决定拿出十几亿元，从 1985 年起为全国几百万名中小学教师增加工资。

为了鼓励教育工作者，陈云在 1985 年为教师节题词：“为人师表，无上光荣。”1986 年春节，陈云还特意将北京市部分中小学和幼儿教师邀请到家中做客。他亲切地询问教师们的生活和工作情况，勉励大家进一步发扬不为名、不为利的艰苦奋斗精神。他还指示党和政府各级组织都要关心教师，为教师的工作和生活创造更为有利的条件。

迟爱萍 / 文

陈云与北京中小学及幼儿教师在一起欢度春节　1986 年

战友情深

谢良将军是中国人民解放军炮兵原副政委。他十五岁参加红军，十九岁担任五军团第十三师三十七团的政治委员。在1936年西路军山丹战役中，他身负重伤，被锯掉左腿，安上了假肢。他将自己的亲身经历写成了五本书，其中一本叫《铁流后卫》，记述五军团长征的故事。1984年9月23日，他拿着这本书去看望自己的老首长陈云。陈云见了他非常高兴，关切地询问他的身体状况，并轻轻拍着他的假肢说："你的仗打得好哇，为红军北上立了大功。晚年又发奋著书，这也是战斗哇。"

老战友相逢，很自然地又回忆起往事。中央红军长征之初，陈云被派到五军团任中央代表。五军团的任务是为中央纵队做后卫，负责阻击敌人的追兵。他们经常吃不上饭，睡不了觉。有一次，陈云路过谢良所在的团，谢良想尽办法给尊敬的首长搞来了鸡汤煮挂面，使陈云在多日的困乏中终于吃了一顿像样的饭。这件事，陈云一直记在心里。后来，他由苏联回到延安担任中央组织部部长，恰好谢良到组织部办事，时间虽然很短促，陈云还是硬把他留下，请他吃了一顿从苏联带回的马肠。

朱佳木 / 文

陈云与谢良谈话　1984 年

不忘老朋友

1984 年 12 月 24 日，陈云在中南海会见了应我国政府邀请来访的苏联部长会议第一副主席阿尔希波夫。

当时，中苏关系尚未正常化，两国在一些重大问题上还存在分歧。我国邀请阿尔希波夫来访，是促进两国关系正常化的重要外交步骤。阿尔希波夫是著名的冶金工程师，20 世纪 50 年代曾在中国担任苏联在华专家总顾问，与陈云在工作上有过密切的交往。

陈云热情地接待了苏联朋友，一一询问了当年一些苏联专家的近况，并请阿尔希波夫代向他们问候。双方都沉浸在对往事的深情回忆之中。陈云感慨地说：你是我们的老朋友了。我还记得你是 1907 年生的，比我小两岁。1958 年你回国时，我参加了周总理宴请你们的招待会。在我们制订和实施第一个五年计划的过程中，你做出了积极的贡献，我们合作得很好。那时我们在一起谈话从不用稿子。对苏联政府和人民过去的援助，中国政府和人民都不会忘记的。

阿尔希波夫也动情地说：今天我讲话也没有稿子，因为我知道我要见的是陈云，不是别人。用我国的一句俗话说：我们在一起吃过的盐就有好几普特。

陈云和阿尔希波夫都认为，两国之间有障碍可以先放一放，先开展经济贸易和科技文化交流。关系正常化是符合两国人民利益的，要向这个方向共同努力。

在分别时，陈云长时间地拉住老朋友的手，用俄语连声道“再见”。

刘书楷 / 文

陈云会见阿尔希波夫　1984 年

视察宝钢

1986 年 5 月的一天，风和日丽。已经八十多岁高龄的陈云来到宝钢视察。

宝钢是我国重要的钢铁生产基地。早在宝钢是上马还是下马的决策阶段，陈云就受中央委托，来上海进行了深入的调查研究。他认为宝钢要干到底，只能搞好，不能搞坏。国务院同意他的意见，加快了宝钢建设的步伐。1986 年，宝钢完成了第一期建设工程，投入了试生产。

陈云头戴安全帽，在宝钢负责人的陪同下，兴致勃勃地视察了炼钢厂、原料码头、焦化厂、炼铁厂和初轧厂。在炼钢厂，他戴上墨镜看了转炉出钢；在焦化厂，他细致地观看了焦炉出焦。焦化厂厂长汇报说：我们全体职工正在按照您关于对宝钢工作要“苛求”的指示，努力做好各方面工作。陈云高兴地连声说：“好，好。”

陈云对宝钢一期工程建设取得的成就表示满意。在座谈中，他关切地询问还存在什么问题。听说宝钢已对暴露出来的问题采取了相应措施，他放心地点点头。最后陈云题词勉励宝钢建设者们：“埋头苦干，从严要求，精益求精，不断创新。”

曲中进 / 文

陈云视察上海宝山钢铁公司　1986 年

捐助希望工程

陈云对青少年教育问题十分关心。他小时候读书很努力，成绩很好，受到教师器重，但是因为家里穷，只读了高小就被迫辍学了。新中国成立后，我国教育事业发展很快，但有的地方仍有儿童因为贫困而失学，对此陈云十分关注。

为了救助我国贫困地区的失学儿童，中国青少年发展基金会实施了希望工程，动员社会力量捐资助学。陈云很支持这项事业。1994 年 4 月 8 日，他委托工作人员给基金会送去了五千元捐款，并请工作人员转告，将这笔钱用于捐助革命老区和贫困地区的失学儿童。

熊亮华 / 文

陈云和少先队员在一起　1983 年

十五个大字

1990年春节，浙江省委书记李泽民等省党、政、军负责人去给正在杭州休养的陈云拜年。见面后，陈云将事先亲笔题写的条幅赠给李泽民，上面写着十五个大字："不唯上，不唯书，只唯实。交换，比较，反复。"

这十五个字，是陈云在延安时期认真学习研究毛泽东起草的文件、电报之后悟出的心得，曾在延安时期和新中国成立后多次讲过。这次，他又向李泽民等同志详细解释了这十五个字。

他说：不唯上，并不是上面的话不要听。不唯书，也不是说文件和书不要读。只唯实，就是只有从实际出发，实事求是地研究处理问题，这是最靠得住的。交换，就是互相交换意见。因为人们看事物往往存在一定的片面性，如果互相交换一下意见，就会取得比较符合实际的认识。经常注意同别人交换意见，尤其多倾听反面意见，只有好处，没有坏处。比较，就是上下左右进行比较。所有正确的结论，都是经过比较而得出的。反复，就是决定问题不要太匆忙，要留一个反复考虑的时间。即使没有不同意见，也要假设一个对立面吸收正确的，驳倒错误的，使自己的意见更加完善，因为人们对事物的认识往往不是一次就能完成的。

对这十五个字，陈云进一步归纳说："前九个字是唯物论，后六个字是辩证法，总起来就是唯物辩证法。"

朱佳木 / 文

陈云与李泽民亲切交谈　1990 年

坚持体育锻炼

数十年来，陈云一直坚持体育锻炼。他根据自己身体不同时期的实际情况，确定了不同的体育锻炼内容。过去身体情况较好的时候，他常打乒乓球、台球，练太极拳、游泳。从 1953 年起，他又长期坚持清晨用毛巾蘸冷水擦身，后来由于年事渐高，他就把散步作为锻炼身体的一项主要内容。他每天上午坚持散步三十五分钟，下午散步二十分钟，没有特殊情况，从不间断。晚上，他还做十分钟自己编的体操，如转动头部，伸展胳膊，活动腰部，做深呼吸等等。平时，他还喜欢在手里握两颗核桃，不停地转动，以此锻炼手指关节的灵活性。

陈云不仅自己注意体育锻炼和劳逸结合，也很关心中央其他领导同志。在他担任中共中央政治局常委期间，他常提醒中央常委和书记处的同志每天工作时间不要过长，每年要有专门的休息时间。他还要求自己身边的年轻人每天再忙也要抽出一定的时间坚持开展体育活动。他说，要胜任繁重的工作，就要舍得花时间运动和休息。这个时间舍不得花，从眼前看是多工作了，但从长远看，却是少工作了。陈云这番话是具有哲理的经验之谈。

迟爱萍 / 文

陈云做操　1983 年

初版后记

1994 年是中华人民共和国诞生四十五周年，我们编辑了《毛泽东的故事》《周恩来的故事》《刘少奇的故事》《朱德的故事》《邓小平的故事》《陈云的故事》，作为《共和国领袖的故事》丛书献给共和国的节日。

中共中央文献研究室的同志为编辑出版这套丛书付出了辛勤的劳动，特别是刘武生、陈绍畴、李洪才、汪作玲、朱佳木等同志，在百忙中审阅各册书稿；新华社摄影部、中国革命博物馆提供了部分照片，在此，我们谨向他们表示感谢。

《共和国领袖的故事》

摄影作者名单

王光美　王传国　王昌浩　王敬德　王新庆　方　艺　乔治·洛蒂
刘东鳌　刘少山　齐观山　齐铁砚　吕相友　吕厚民　李生南
李　平　李学增　朱佳木　张桂玉　杨绍明　杨震河　杨溥涛
吴化学　吴振英　杜述周　杜修贤　何　谦　邹健东　孟庆彪
孟昭瑞　张　彬　侯　波　袁汝逊　夏道陵　徐大刚　徐肖冰
钱嗣杰　唐理奎　梁伯权　郭占英　谢丰泉　塔吉·古拉

（注：部分照片因年代久远，作者不详。）

《陈云的故事》

执行主编：刘书楷　迟爱萍

责任编辑：骆振龙　米　河

装帧设计：路　石

1994 年 11 月

再版后记

这是一套以图文并茂的形式，生动讲述党的第一代中央领导集体重要成员在工作、生活与情感世界中所发生的点滴故事的图书。今天距离它初次出版已经三十年了，但翻看这些历史照片，阅读照片背后的故事，仍然会让我们有种莫名的激动。我们仿佛走进了他们的日常生活，近距离地感受着他们的言谈举止和人格魅力。

这些共和国领袖，是伟大的无产阶级革命家，是新中国的缔造者和建设者，是党的优良作风和光荣传统的践行者。他们身上凝聚着共产党员的优良品德，是我们学习的榜样。榜样的力量是无穷的，我们相信书中的每个故事都能引起新一代读者的心灵共鸣。

讲述共和国领袖的故事，是讲好中国故事，尤其是讲好中国共产党的故事的重要组成部分，是党史学习的生动教材，是传承红色基因的有效方法。这套图书正是展现老一辈无产阶级革命家为人处世、理想信念、人生境界等方面的重要载体，值得我们深入体会、不断感悟。

这套图书曾荣获中宣部第四届精神文明建设“五个一工程”奖和第七届浙江树人出版奖。此次再版，我们对图文内容的结构和顺序做了调整，使图书整体脉络更为清晰；对于一些历史事件的描述，我们保留了当时一些约定俗成的说法，部分内容在保持基本不变的基础上，根据现有规范要求做了一些修正。

在庆祝新中国成立七十五周年之际，重新出版此书，也是对老一辈革命家的深切怀念。

浙江人民美术出版社

2024 年 9 月

图书在版编目（C I P）数据

陈云的故事 / 李琦, 梁平波主编 ; 奚天鹰, 刘敏副主编. -- 杭州 : 浙江人民美术出版社, 2024. 9.
(共和国领袖的故事). -- ISBN 978-7-5751-0304-6
Ⅰ. K827=7
中国国家版本馆CIP数据核字第202450TG32号

出版统筹　李　芳
责任编辑　徐寒冰　郭哲渊
美术编辑　吴　杭
封面设计　刘　金
责任校对　钱偎依
责任印制　陈柏荣

共和国领袖的故事

陈云的故事

李 琦　梁平波　主编　　奚天鹰　刘 敏　副主编

出版发行　浙江人民美术出版社
　　　　　（杭州市环城北路177号）
电　　话　0571—85174821
经　　销　全国各地新华书店
制　　版　浙江新华图文制作有限公司
印　　刷　浙江海虹彩色印务有限公司
版　　次　2024年9月第1版
印　　次　2024年9月第1次印刷
开　　本　787mm×1092mm　1/24
印　　张　4.833
字　　数　120千字
书　　号　ISBN 978-7-5751-0304-6
定　　价　38.00元

如发现印刷装订质量问题，影响阅读，请与出版社营销部联系调换。